20647393R00062

Made in the USA
San Bernardino, CA
28 December 2018